Parfois, j'e...

Gilles Tibo

Illustrations : Mireille Levert

Directrice de collection : Denise Gaouette

Rat de bibliothèque

Données de catalogage avant publication (Canada)

Tibo, Gilles, 1951-

    Parfois, j'exagère!

    (Rat de bibliothèque. Série rouge ; 7)
    Pour enfants de 6 ans.

    ISBN 978-2-7613-1700-9

    1. Levert, Mireille. II Titre. III. Collection : Rat de bibliothèque (Saint-Laurent, Québec).
Série rouge ; 7.

PS8589.I26P372 2004   jC843'.54   C2004-941633-2
PS9589.I26P372 2004

Photographie de Mireille Levert : Arsénio Corôa

Dépôt légal : 4e trimestre 2004
Bibliothèque nationale du Québec
Bibliothèque nationale du Canada

IMPRIMÉ AU CANADA   34567890   IML   0987
                                       10639 ABCD   SC16

Je m'appelle Kitty.

J'aime la confiture de fraises.

Parfois, j'exagère !

J'aime dessiner des gros animaux.

Parfois, j'exagère !

J'aime prendre un bain de mousse.

Parfois, j'exagère !

J'aime déguiser mes oursons.

Parfois, j'exagère !

J'aime jouer avec des avions.

Parfois, j'exagère !

J'aime décorer ma chambre.

Parfois, j'exagère !

J'aime donner des bisous.
Parfois, j'exagère…
mais tout le monde est content.